ROBERTA CALANDRA
APPELLE MOI ENCORE TANTE!

ISBN : 978-1-911424-55-0
SKU/ID: 9781911424550

All Rights Reserved. No part of this book can be used or reproduced in any manner whatsoever without written permission from the publisher, except in the case of brief quotations embodied in critical articles or reviews.

A catalogue record for this book is available from the British Library.

Illustrations: Fabiana Iacolucci and Valentina Calvani
Editor: Wolf Graham
Layout: Wolf Graham
Translation: Mary Blindflowers

Cover: Fabiana Iacolucci and Valentina Calvani
All illustrations' rights
have been entirely remitted to the author.

Publishing Company:
Black Wolf Edition & Publishing Ltd.
Scotland (UK)
www.blackwolfedition.com

Copyright © 2019 by Black Wolf Edition & Publishing Ltd.
and other respective owners identified in this work.
Designs and Patents Act 1988
All rights reserved.

First Edition 2019 - First Printing 2019

"À mes petites-enfants Lisa et Leo"

Aux petits-enfants de Fabiana Iacolucci
Davide, Edoardo, Lorenzo, Giulia

Aux petits-enfants de Valentina Calvani
Veronica, Fabiana, Ginevra, Simone

"Un remerciement spécial à Fabiana Iacolucci qui a contribué avec succès à la légèreté et au sourire de chaque légende."

La tante n'est pas mariée, n'a pas de fils e n'a pas un ex-mari. Au mieux elle est impliquée dans ce que Facebook appellerait "Une relation compliquée". Généralement elle a un chien et deux chats.

La tante donnerait même le dernier modèle d'iPhone nouvellement acheté pour le bonheur de sa petite-fille.

L'important est de ne pas être ensemble plus de trois heures et demie, au maximum quatre.

Au terme de ces heures, bien sûr, l'iPhone va partir avec elle.

La tante a tout le temps qu'elle veut,
mais elle a toujours trop de choses à faire.

La tante trouve toujours le bon cadeau.

La tante est excitée à chaque petit changement.

La tante ne juge jamais!

Quand la tante se sent appelée "Tante" pour la première fois,

pleure de l'émotion.

La tante fait tout pour rendre la soupe agréable

à sa petite-fille.

La tante était tojours ici au bon moment!

La tante raconte de merveilleuses histoires pour l'endormir.

La tante ne dit jamais non!

La tante est toujours en pole position

pour poster sa petite-fille partout.

La tante trouve tous les autres enfants moins beaux.

La tante est présente à Noël... à sa façon.

La tante travaille pour l'avenir de sa petite-fille.

La tante pense: "c'est si bon d'être juste tante…"

La tante jubile quand on la prend pour la mère.

La tante trouve toujours le bon look!

La tante sait toujours faire rire.

Ta tante ne te laissera jamais seule.

www.ingramcontent.com/pod-product-compliance
Lightning Source LLC
LaVergne TN
LVHW072019060526
838200LV00062B/4902